Diseñar un transbordador

Elisa Jordan, M.A.

✳ Smithsonian

T0027322

Autora contribuyente

Heather Schultz, M.A.

Asesoras

Dra. Valerie Neal
Curadora, historia espacial
National Air and Space Museum

Tamieka Grizzle, Ed.D.
Instructora de laboratorio de CTIM de K-5
Escuela primaria Harmony Leland

Stephanie Anastasopoulos, M.Ed.
TOSA, Integración de CTRIAM
Distrito Escolar de Solana Beach

Créditos de publicación

Rachelle Cracchiolo, M.S.Ed., *Editora*
Diana Kenney, M.A.Ed., NBCT, *Realizadora de la serie*
Véronique Bos, *Directora creativa*
Caroline Gasca, M.S.Ed., *Gerenta general de contenido*
Smithsonian Science Education Center

Créditos de imágenes: portada, pág.1 NASA/Kim Shiflett; págs.2–3, pág.4, pág.5 (todas), pág.7 (inferior), pág.10 (todas), pág.11 (inferior), pág.12, pág.13 (inferior derecha e izquierda), pág.14 (todas); pág.16 (izquierda); pág.17 (todas), pág.18 (todas), pág.19, pág.20 (todas), pág.21 (superior), pág.22, pág.23 (todas), pág.24 (todas), pág.25 (todas), pág.26 (derecha), pág.31, pág.32 (todas) NASA; pág.6 (izquierda) British Library Board/Bridgeman Images; pág.7 (superior) Sheila Terry/Science Source; p.8 (derecha), pág.9 (inferior derecha) RIA Novosti/Science Source; pág.9 (superior) Richard Bizley/Science Source; pág.9 (inferior izquierda) Bastetamon/Shutterstock; pág.11 (superior) Lee Aucoin; pág.15, pág.16 (derecha), pág.26 (izquierda), pág.27 (superior izquierda) © Smithsonian; pág.27 (superior derecha) NASA/Paul E. Alers; pág.27 (inferior) NASA/Smithsonian; todas las demás imágenes cortesía de iStock y/o Shutterstock

Library of Congress Cataloging-in-Publication Data

Names: Jordan, Elisa, author. | Smithsonian Institution, other.
Title: Diseñar un transbordador / Elisa Jordan.
Other titles: Designing a Shuttle. Spanish
Description: Huntington Beach, CA : Teacher Created Materials, [2022] |
  Includes index. | Audience: Grades 4-6 | Text in Spanish. | Summary:
  "How can someone build a spacecraft that can take people and equipment
  into orbit and still be reusable like an airplane? That's what
  scientists and engineers had to figure out. When they started work on
  the space shuttle program, they had a problem to solve. Their solution
  completely changed space travel"-- Provided by publisher.
Identifiers: LCCN 2021044242 (print) | LCCN 2021044243 (ebook) | ISBN
  9781087643748 (paperback) | ISBN 9781087644219 (epub)
Subjects: LCSH: Space shuttles--Juvenile literature. | Space
  vehicles--Design and construction--Juvenile literature. | Aerospace
  engineering--Juvenile literature. | LCGFT: Informational works.
Classification: LCC TL795.515 .J6718 2022 (print) | LCC TL795.515 (ebook)
  | DDC 629.44/1--dc23/eng/20211004

✳ Smithsonian

Teacher Created Materials

5301 Oceanus Drive
Huntington Beach, CA 92649-1030
www.tcmpub.com
ISBN 978-1-0876-4374-8

Contenido

¡Bienvenido al transbordador espacial!

A comienzos de la década de 1970, Estados Unidos era el líder mundial en viajes espaciales. Logró enviar hombres a la Luna seis veces. La Administración Nacional de Aeronáutica y del Espacio (NASA, por sus siglas en inglés) quería hacer más viajes al espacio. Pero los vuelos eran muy caros. En cada viaje había que usar una nueva nave. Cuando la nave volvía a la Tierra, se estrellaba en el océano. No se podía volver a usar.

La NASA quería construir un nuevo tipo de nave espacial. Su objetivo era diseñar una nave que pudiera usarse una y otra vez. Eso ahorraría dinero y facilitaría la tarea de llevar a personas y equipamiento al espacio y traerlos de vuelta. Este objetivo se convirtió en el programa de transbordadores espaciales de la NASA.

El programa de transbordadores espaciales fue el resultado de años de investigación. Llevó mucho tiempo poder comenzar a enviar astronautas al espacio. Los científicos y los ingenieros tenían que resolver las cosas de a una a la vez. Afortunadamente, contaban con una larga historia como base.

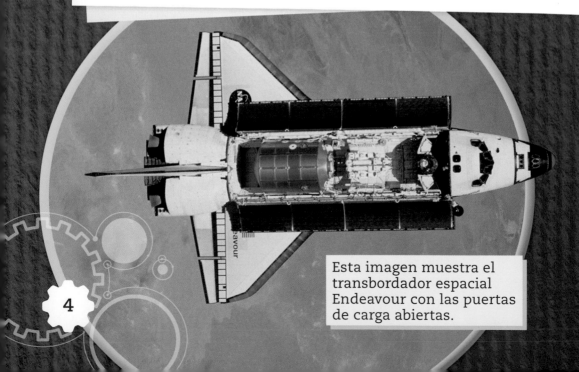

Esta imagen muestra el transbordador espacial Endeavour con las puertas de carga abiertas.

El Apolo 16 se lanza en 1972.

La nave Friendship 7, del programa Mercury, se lanza en 1962.

Lanzar un solo cohete en la década de 1960 le costaba a la NASA hasta $375 millones.

Hace mucho tiempo

Nadie sabe cuándo descubrieron los chinos la receta de la **pólvora**. Alrededor del año 900 aprendieron que, si le hacían un pequeño cambio a la receta, en lugar de explotar, la pólvora se quemaría. Esa mezcla primero se ponía en bolsas atadas a flechas. Las flechas quemaban todo lo que tocaban.

Después de un tiempo, las bolsas se reemplazaron con tubos. Eso cambió todo. Cuando la pólvora se quemaba, impulsaba la flecha hacia delante. La flecha llegaba más lejos. En ese entonces ellos no lo sabían, pero esos fueron los primeros cohetes.

pólvora

Este grabado muestra soldados chinos con flechas encendidas.

Cuatrocientos años después, Galileo Galilei usó un telescopio para observar el cielo nocturno. Eso le permitió ver estrellas y planetas distantes con más claridad. Las personas empezaron a usar telescopios para aprender más sobre el **sistema solar** y el lugar que ocupa la Tierra en él. El sueño de volar a esos lugares no estaba muy lejos.

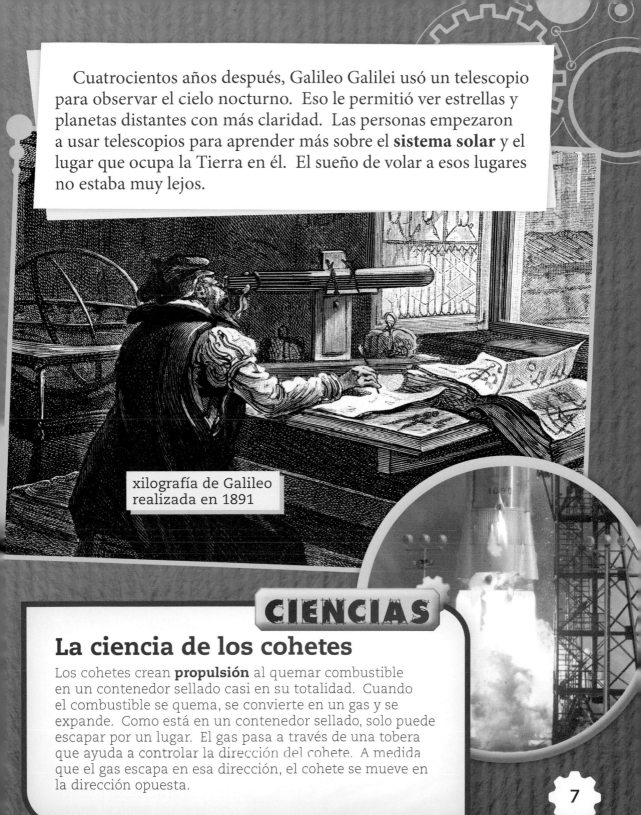

xilografía de Galileo realizada en 1891

CIENCIAS

La ciencia de los cohetes

Los cohetes crean **propulsión** al quemar combustible en un contenedor sellado casi en su totalidad. Cuando el combustible se quema, se convierte en un gas y se expande. Como está en un contenedor sellado, solo puede escapar por un lugar. El gas pasa a través de una tobera que ayuda a controlar la dirección del cohete. A medida que el gas escapa en esa dirección, el cohete se mueve en la dirección opuesta.

La carrera espacial

En la década de 1950, los científicos y los ingenieros de la Unión Soviética y de Estados Unidos aprendieron mucho sobre cohetes. Los dos países eran rivales. No compartían la información. Cada país quería demostrar sus capacidades técnicas.

En 1957, el equipo soviético sorprendió al mundo al poner en órbita un **satélite**. Los estadounidenses trabajaron mucho para estar a la altura. Querían ser los líderes mundiales en el espacio. Cuatro años después, los soviéticos volvieron a ser los primeros al enviar a un hombre al espacio. El presidente John F. Kennedy desafió a la NASA a lograr que un estadounidense fuera a la Luna antes de 1970. Lo lograron en julio de 1969. Los soviéticos no pudieron igualarlos. Ese fue el final de la carrera espacial.

La carrera espacial les enseñó muchas cosas a los científicos. Aprendieron que los astronautas podían estar un tiempo en el espacio y regresar a salvo. La investigación espacial era posible. El programa de transbordadores espaciales se creó para que la NASA pudiera enviar personas al espacio más a menudo. Los cohetes eran muy costosos y solo se podían usar una vez. Con una nave reutilizable, la NASA viajaría al espacio más seguido.

Más de quinientas personas han estado en el espacio. Entre ellas, 355 viajaron al menos una vez en un transbordador espacial.

Yuri Gagarin fue el primer hombre que viajó al espacio.

Esta ilustración muestra al Vostok 1, la nave que transportó a Gagarin.

BIZLEY

Esta es una réplica del Sputnik 1, el primer satélite que se puso en órbita.

el Vostok 1 después del aterrizaje

Diseñar el transbordador espacial

Una vez que la NASA decidió enviar personas al espacio en transbordadores, los científicos y los ingenieros tuvieron que diseñarlos. Había muchas preguntas que responder. ¿Cómo sería el transbordador? ¿Tendría alas como un avión? ¿Cómo llevaría suficiente combustible? ¿Cómo volvería a la Tierra?

El equipo empezó a trabajar en 1972. El primer transbordador espacial no se lanzó hasta 1981. Llevó mucho tiempo encontrar la manera de que las ideas funcionaran en una nave real.

Primero, los científicos tuvieron que pensar en todo lo que necesita hacer un transbordador. Debía ser resistente para soportar el lanzamiento y lo suficientemente liviano para poder volar. Los astronautas se quedarían a bordo. El transbordador debía tener suficiente espacio para que los astronautas pudieran vivir allí. Los astronautas también trabajarían en el transbordador. El diseño debía incluir un laboratorio.

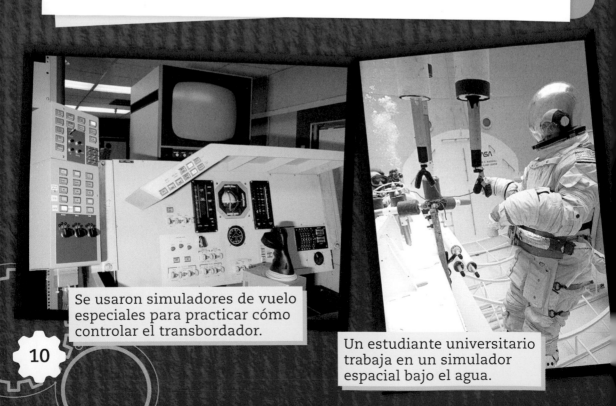

Se usaron simuladores de vuelo especiales para practicar cómo controlar el transbordador.

Un estudiante universitario trabaja en un simulador espacial bajo el agua.

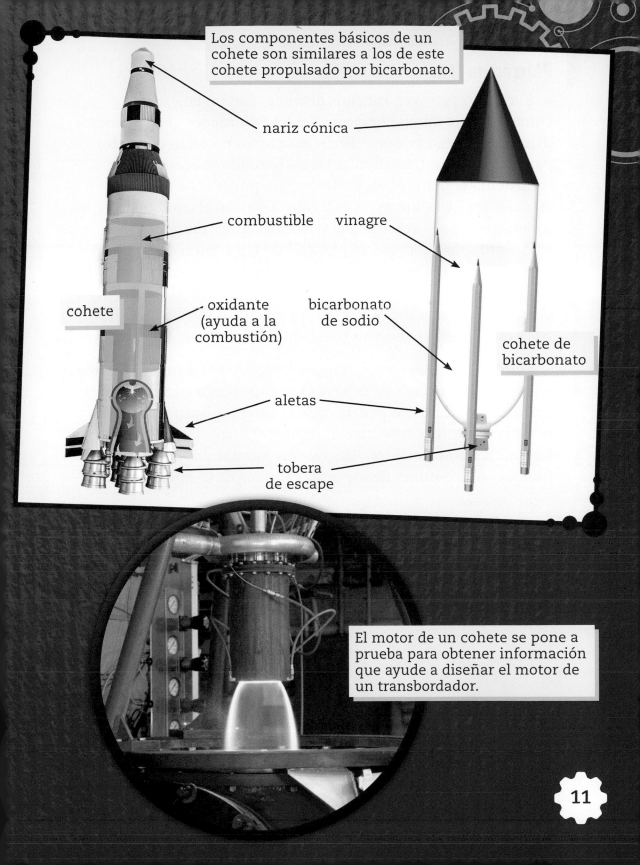

Los componentes básicos de un cohete son similares a los de este cohete propulsado por bicarbonato.

nariz cónica

combustible

vinagre

cohete

oxidante
(ayuda a la
combustión)

bicarbonato
de sodio

cohete de
bicarbonato

aletas

tobera
de escape

El motor de un cohete se pone a prueba para obtener información que ayude a diseñar el motor de un transbordador.

11

Pensar en frío

El equipo pensó en muchos detalles. Los ingenieros comenzaron a dibujar la forma del transbordador. Los primeros diseños parecían aviones. Pero los aviones no están pensados para salir de la estratósfera. El transbordador necesitaba un sistema con un cohete exterior para poder atravesar la estratósfera. Unos tanques externos llevarían el combustible y el oxígeno que necesitaría el transbordador. Entonces, el transbordador debía ser un planeador. Un equipo de la NASA también se dio cuenta de que el transbordador debía ser capaz de **tolerar** el calor extremo. Algunos materiales cambian de forma cuando se calientan. Ese fenómeno se llama distorsión térmica. Es lo que ocurre cuando un transbordador llega a la termosfera.

Los científicos descubrieron que la distorsión térmica afectaba a las puertas de carga de la nave. Los ingenieros encontraron la manera de hacer unas puertas que no se rompieran al atravesar la termosfera. Les agregaron unos cierres especiales. Hicieron las puertas más **flexibles**. Las nuevas puertas podían seguir funcionando después de soportar cambios de temperatura.

puertas de carga

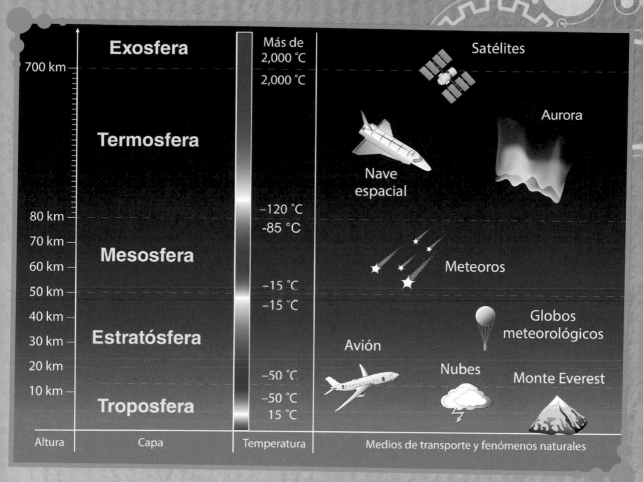

Altura	Capa	Temperatura	Medios de transporte y fenómenos naturales
700 km	Exosfera	Más de 2,000 °C / 2,000 °C	Satélites
	Termosfera		Aurora / Nave espacial
80 km		−120 °C / -85 °C	
70 km / 60 km	Mesosfera		Meteoros
50 km		−15 °C / −15 °C	
40 km / 30 km	Estratósfera		Globos meteorológicos / Avión
20 km		−50 °C	Nubes / Monte Everest
10 km	Troposfera	−50 °C / 15 °C	

Glenn en 1962

John Glenn entró en la órbita terrestre en 1962. En 1998, volvió al espacio. Con sus 77 años, fue la persona de mayor edad en viajar al espacio.

Glenn en 1998

13

A continuación, los ingenieros tuvieron que pensar en cómo hacer que el transbordador entero soportara el calor y también fuera flexible. Tuvieron que diseñar una cubierta que pudiera doblarse sin romperse. Esa cubierta se llama piel. Como el transbordador se usaría más de una vez, la piel debía ser resistente y capaz de soportar altas temperaturas.

Las placas de sílice se cortan para que se ajusten como una piel.

Las placas se prueban en hornos para saber cómo funcionarían durante el reingreso.

El equipo de diseño pensó muchas ideas. Debían escoger la que funcionara mejor. Finalmente se decidieron por las placas pequeñas de sílice. La sílice se encuentra en la arena y el cuarzo. Se usa para hacer vidrio. Las placas pequeñas daban flexibilidad al cuerpo del transbordador en el lanzamiento o en el espacio, si era necesario. Una única cubierta grande se agrietaría. Entonces, ¡se usaron más de 25,000 placas pequeñas de sílice!

La mayor parte del transbordador está cubierto de placas que forman un escudo térmico.

Los científicos y los ingenieros observaron más de 20 condiciones del tiempo, entre ellas la temperatura y la cubierta de nubes, para decidir si se podía hacer un lanzamiento.

Combinar lo nuevo y lo viejo

Se usaron muchas ideas nuevas para construir el transbordador espacial. Pero los ingenieros también utilizaron algunas ideas anteriores. El **aluminio** es un material que se usa para construir aviones. Los ingenieros decidieron usarlo en el transbordador porque es resistente. También es liviano y flexible.

Viajar en un transbordador espacial no es lo mismo que viajar en avión. En los aviones, las personas viajan sentadas. Cuando se levantan de su asiento, pueden caminar un poco. Pero en el espacio, ¡las personas flotan! Las tareas más sencillas pueden ser mucho más difíciles.

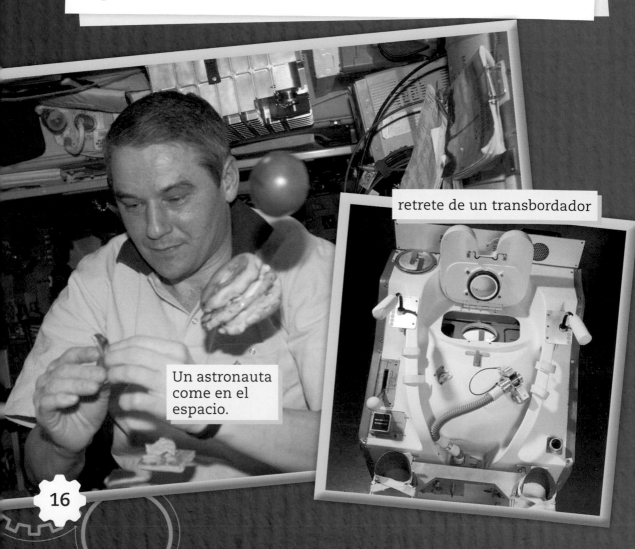

Un astronauta come en el espacio.

retrete de un transbordador

Los científicos y los ingenieros que diseñaron el transbordador se aseguraron de que los astronautas tuvieran donde dormir. Al igual que todos en la Tierra, los astronautas necesitan dormir al menos ocho horas. Para no chocarse con nada, deben dormir amarrados. En el transbordador había camas y sacos de dormir. También podían dormir sentados en su asiento.

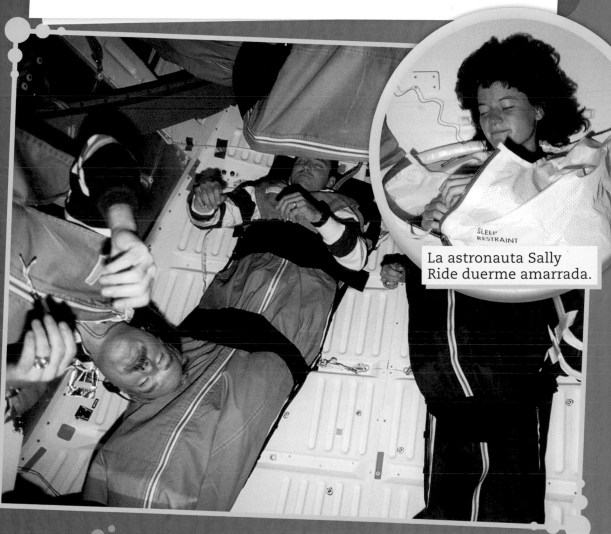

La astronauta Sally Ride duerme amarrada.

El científico británico sir Isaac Newton fue el primero en identificar la gravedad.

Los ingenieros y los científicos que diseñaron el transbordador crearon algo completamente nuevo. Pero tuvieron que intentarlo muchas veces. Pensaron en muchas ideas. Y las pusieron a prueba. Aunque la prueba saliera bien, solían hacer mejoras a los diseños. A veces, ¡debían empezar de nuevo! Después de todas las pruebas, el transbordador final se diseñó con tres partes principales.

La primera parte de un transbordador espacial se llama **orbitador**. Esta parte se parece a un avión. Es la única parte que se lanza al espacio. La segunda parte se llama tanque externo. Es un gran tanque de combustible unido al orbitador. Proporciona combustible a los motores. La tercera parte es el **propulsor sólido**. Suele haber dos. Son cohetes altos y delgados a ambos lados del orbitador. Los propulsores son los motores que ayudan a impulsar al orbitador para que pueda despegar del suelo y atravesar el aire.

En 1980, los ingenieros inspeccionan las puertas de carga del transbordador Columbia cuando se abren por primera vez.

Un ingeniero prueba un modelo de transbordador en un túnel de viento.

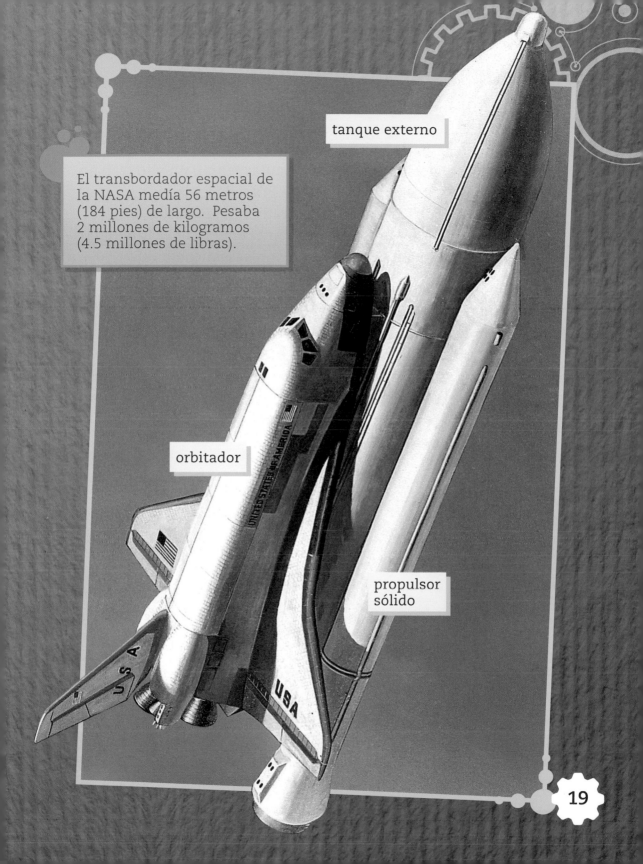

El transbordador espacial de la NASA medía 56 metros (184 pies) de largo. Pesaba 2 millones de kilogramos (4.5 millones de libras).

tanque externo

orbitador

propulsor sólido

Misiones de los transbordadores

La primera misión realizada en un transbordador espacial fue en 1981. ¡Fue muy emocionante ver el lanzamiento después de años de trabajo intenso! El transbordador podía llevar a siete personas. Los astronautas tenían mucho trabajo. Estudiaron muchas cosas, como la gravedad y la ingravidez. Los científicos querían ver cómo cambian las **células** en lugares nuevos. Eso les permite comprender cómo funcionan y puede servir para desarrollar mejores medicamentos.

Los astronautas también estudiaron cómo se comportan los líquidos en el espacio. La gravedad determina muchas de las propiedades de los líquidos en la Tierra. En el espacio, el líquido forma esferas. En la Tierra, cuando el agua hierve suben burbujas a la superficie. En el espacio, al haber menos gravedad, el gas no sube cuando un líquido hierve, sino que las burbujas se van agrandando junto a la fuente de calor.

En el espacio, una gota de refresco forma una esfera.

John W. Young y Robert L. Crippen fueron los dos primeros astronautas que volaron en un transbordador.

El transbordador espacial Columbia se lanza en 1981.

Avances importantes en medicina

Los astronautas hicieron pruebas con la bacteria *Salmonella* en el transbordador. Esa bacteria puede causar enfermedades graves en la Tierra. En el espacio, las bacterias se fortalecieron. Los científicos creen que el espacio las "engañó". Las bacterias pensaron que estaban dentro del cuerpo de una persona. Los científicos hicieron observaciones y pruebas. Inventaron una vacuna para curar a las personas en la Tierra.

Hubo 135 misiones a bordo de transbordadores espaciales entre 1981 y 2011. Una de las metas más importantes del programa era construir la Estación Espacial Internacional (EEI). La EEI es muy grande. De hecho, es el objeto más grande que la humanidad ha puesto en el espacio. A veces, se puede ver desde la Tierra.

Estados Unidos y otros 15 países ayudaron a construir la EEI. Orbita alrededor de la Tierra 16 veces por día. Astronautas de varios países viven y trabajan en la EEI, por lo general en grupos de seis, para aprender más sobre el espacio. Algunas misiones se realizaron para agregar partes a la EEI o reparar partes dañadas.

ilustración de la EEI

El transbordador espacial también lanzó el telescopio Hubble. ¡Ese telescopio puede ver muchas cosas! Ha hecho más de un millón de observaciones desde su lanzamiento. Como todo dispositivo, el Hubble a veces necesita reparaciones. La tripulación del transbordador espacial reparó y actualizó el telescopio durante cinco misiones de servicio.

Esta ilustración muestra cómo, en 1990, el transbordador lanzó el Hubble al espacio.

telescopio Hubble

INGENIERÍA

Esclusa de aire

Los astronautas usan una esclusa de aire para entrar y salir del transbordador cuando está en el espacio. Es una cámara hermética que tiene dos puertas. Una puerta lleva al exterior y la otra lleva al interior del transbordador. Los astronautas entran en la esclusa de aire y cierran la puerta detrás de ellos. Luego, se visten para realizar su caminata espacial. Cuando están listos, liberan el aire de la cámara para poder abrir la puerta que da al exterior.

Este astronauta fue el primero en salir de la EEI a través de una esclusa de aire.

El legado del transbordador espacial

Los primeros exploradores viajaban por tierra para ver qué había más allá del **horizonte**. Luego, viajaron por mar para ver lo que había del otro lado de los océanos. Los astronautas también son exploradores. Quieren ver lo que hay más allá del planeta.

La NASA quería homenajear a los exploradores del pasado. Los transbordadores llevan el nombre de barcos cuyos viajes ayudaron a hacer muchos descubrimientos científicos.

El primer transbordador se llamó Enterprise. Nunca viajó al espacio. El primer transbordador que viajó al espacio fue el Columbia. Luego se crearon los transbordadores Challenger, Discovery, Atlantis y Endeavour. Todos descubrieron cosas nuevas para la ciencia, al igual que los barcos que inspiraron sus nombres.

Gracias al programa de transbordadores, sabemos mucho más sobre los vuelos espaciales. Se expandió el rango de actividades útiles en el espacio. También ayudó a construir mejores equipos y lugares donde los astronautas pueden vivir y trabajar.

La serie televisiva original de *Viaje a las estrellas* llamaba al espacio "la última frontera". ¡Y lo es! Aún queda mucho por explorar en el espacio.

El Columbia aterriza después de su primera misión en 1981.

El Challenger aterriza luego de una misión en 1985.

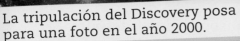
La tripulación del Discovery posa para una foto en el año 2000.

Esta es una imagen del Endeavour tomada desde la EEI en 2009.

La elección del ala en delta

Un transbordador espacial es como un cohete, pero también es como un avión. Si observas con atención, verás algunas diferencias entre las alas de la mayoría de los aviones y las de los transbordadores. Algunos aviones tienen alas rectas. Los transbordadores tienen **alas en delta**. Los ingenieros usaron las alas en delta en los transbordadores porque producen más elevación y pueden planear por más tiempo. Eso le permite al transbordador moverse con más facilidad. Además, los vehículos con alas en delta no se calientan tanto cuando regresan a la Tierra.

concepto de orbitador con alas rectas

concepto de orbitador con alas en delta

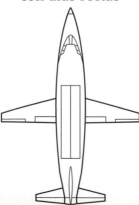

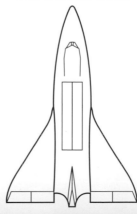

La NASA finalizó el programa de transbordadores después de 30 años y 135 misiones. Se suponía que el programa duraría 15 años. Pero duró el doble. Era hora de probar algo nuevo.

En términos generales, el programa fue todo un éxito. Pero hubo dos accidentes. Un transbordador se rompió justo después de despegar. Otro se rompió 16 minutos antes de aterrizar. Lamentablemente, no sobrevivieron los tripulantes de ninguna de las dos misiones.

Cuando terminó el programa de transbordadores espaciales, quedaban cuatro transbordadores de la NASA. Esos transbordadores son parte de la historia. Nadie quería destruirlos. ¿Adónde podían enviarlos? Hoy se encuentran en cuatro museos en distintas partes del país.

Uno de los transbordadores está expuesto en el Museo Nacional del Aire y el Espacio del Smithsonian. Otro está en un museo de la ciudad de Nueva York. El tercero se encuentra en un centro de ciencias en Los Ángeles. El último está en el Centro Espacial Kennedy, en Florida. ¡Los visitantes pueden ver en persona estos transbordadores increíbles!

un astronauta de pie en la cabina de control del Discovery

El último transbordador que viajó al espacio llevaba un gran recipiente con experimentos de estudiantes.

El Discovery aterriza después de hacer su última misión.

El Enterprise es llevado al aeropuerto de Nueva York.

Discovery

Enterprise

MATEMÁTICAS

Los transbordadores en números

Durante las 135 misiones del programa, los transbordadores hicieron muchas cosas. Llevaron más de 1,500 toneladas de carga al espacio. Pasaron un total de 1,323 días en el espacio y orbitaron alrededor de la Tierra 20,830 veces.

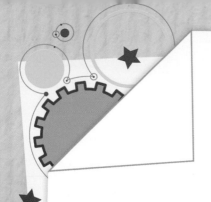

DESAFÍO DE CTIAM

Define el problema

El primer diseño de un ingeniero rara vez es la mejor solución a un problema. Cuando diseñan cosas grandes, como transbordadores espaciales, los ingenieros suelen hacer modelos pequeños para poner a prueba sus diseños. Tu tarea es construir un modelo de transbordador que pueda lanzarse con una pajilla.

 Limitaciones: Tu modelo solo puede estar hecho con una hoja de papel y cinta adhesiva.

 Criterios: El transbordador de papel debe recorrer al menos 1 metro (1 yarda) al lanzarlo soplando por la pajilla.

Investiga y piensa ideas

¿Qué forma será la mejor para las alas? ¿Con cuántas alas volará mejor el transbordador? ¿Dónde deberían estar las alas? ¿Qué fuerzas actúan sobre tu transbordador?

Diseña y construye

Bosqueja tu diseño e incluye las medidas que tendrá cada parte del modelo. Construye el modelo.

Prueba y mejora

Lanza el transbordador de papel soplando por la pajilla tres veces. ¿El transbordador recorrió 1 m (1 yd) o más? ¿El diseño del transbordador dio resultados uniformes? Pide opiniones. Modifica tu diseño y vuelve a intentarlo.

Reflexiona y comparte

¿Qué factores afectaron el patrón de vuelo de tu transbordador? ¿Cómo puedes minimizar los efectos de esos factores? ¿Serían mejores los resultados con otros tipos de materiales?

Glosario

alas en delta: alas triangulares inclinadas hacia atrás

aluminio: un tipo de metal brillante y plateado que viene en diferentes formas, por ejemplo, papel de aluminio

células: los componentes básicos de todos los seres vivos

flexibles: que se pueden doblar

horizonte: la línea donde el cielo parece unirse con la tierra o el mar

orbitador: la parte del transbordador espacial que llega al espacio y se parece a un avión

pólvora: una mezcla explosiva usada en armas de fuego y explosivos

propulsión: la fuerza que impulsa algo hacia delante

propulsor sólido: un motor de combustible sólido que ayudaba a impulsar al orbitador

satélite: una máquina que se lanza al espacio y gira alrededor de la Tierra o de otro cuerpo celeste

sistema solar: una estrella y los cuerpos celestes, como lunas y planetas, que giran a su alrededor

tolerar: soportar o resistir

Índice

CONSEJOS PROFESIONALES
del Smithsonian

¿Quieres una profesión relacionada con el espacio?
Estos son algunos consejos para empezar.

"La NASA contrata a personas que tienen muchos intereses diferentes. Comencé escribiendo sobre ciencia y tecnología para la NASA. Te guste lo que te guste, ¡hay un futuro trabajo espacial para ti!" —*Dra. Valerie Neal, curadora, historia espacial*

"Los museos trabajan mucho para enseñar e inspirar a los estudiantes. Visita todos los museos del aire y el espacio que puedas. Aprende sobre las naves espaciales escuchando a los guías del museo. Son expertos en su campo. Pueden ayudarte a encontrar tu pasión". —*General John "Jack" Dailey, exdirector del Museo Nacional del Aire y el Espacio*